ORACIONES A LA DIVINA MISERICORDIA

Coronilla, Novena, Promesas, Letanías y Plegarias

PADRE MANUEL RIVERA

Libro CATÓLICO

ÍNDICE

INTRODUCCIÓN

Muchos fuimos los que conocimos por primera vez la devoción a Jesús de la Divina Misericordia de manos de quien fuera nuestro Santo Padre, el Papa, hoy santo, San Juan Pablo II. Él llegó a la Sede de Pedro desde "un país lejano", pero vino con las maletas cargadas de deseos de paz y libertad para una Europa dividida en dos por un Telón de Acero, y con un fervor que puso en valor las devociones de la gente sencilla. Y así nos habló, como Papa, como creyente, y como polaco, de Jesús de la Divina Misericordia y de la Virgen de Czestochowa.

El origen de la devoción a Jesús de la Divina Misericordia nos remonta a la primera mitad del Siglo XX, hasta el conjunto de revelaciones particulares que Santa Faustina Kowalska recibió de Nuestro Señor y que puso por escrito en su Diario. Nuestro Señor también le confió el encargo de una Imagen que sirviera de icono para su mensaje, que no fue definitivo hasta un segundo intento.

Aunque el mensaje de la Divina Misericordia contiene algunos elementos novedosos, éstos son más prácticos que teológicos, ya que más allá de promover el rezo de una Coronilla y de una Novena bien definidas, sólo recuerda y revitaliza el mensaje que ya está contenido en las Sagradas Escrituras, sin olvidarnos de las inequívocas vinculaciones que pueden establecerse con otras devociones previas como son la del Sagrado Corazón de Jesús o la de su Preciosa Sangre, sin dejar de hablar de la propia Eucaristía. Esto, lejos de restarle valor a la devoción de la Divina Misericordia, la dota de la continuidad propia de nuestras tradiciones católicas.

Si tuviéramos que resumir el mensaje en tres líneas, deberíamos expresar, no menos, que Jesucristo Resucitado conserva las señales de su Pasión, y que de su Corazón abierto nos entrega Agua, que nos purifica y nos da Vida, y Sangre, que nos nutre y nos sustenta, reforzándonos en nuestra oración por la conversión de los pecadores... Aunque mucho más se podría decir, mucho más y con mayor detalle...

Y no olvidemos que, cuando hablamos de pecadores, debemos mirarnos en primer lugar a nosotros mismos... Y, porque tenemos experiencia de la Misericordia de Dios, damos testimonio de su inmensidad ante el mundo.

PADRE MANUEL RIVERA

ORACIONES A LA DIVINA MISERICORDIA

8

TRANSFÓRMAME, SEÑOR, AL RESPLANDOR DE TU COSTADO

Señor, transforma mi corazón
con los rayos de la Luz
que brotan de tu costado;
para que pueda conformar
mis sentimientos con los tuyos
hasta llegar al amor por los enemigos,
porque también ellos
tienen un lugar en tu Corazón.

Señor, transforma mis pensamientos,
mis deseos y mis esperanzas;
purificándolos con el Agua
que mana de tu pecho,
y sepultando sus temores
en tu Preciosa Sangre.

Señor, y transforma también mis acciones,
para que no sólo sean buenas en sí,
sino para que se vean magnificadas
por la dulce fragancia de la humildad,
tan esquiva de los ojos de los hombres;
obrando las obras de Misericordia
según el espíritu de las Bienaventuranzas.
Amén.

PLEGARIA BREVE

Señor de la Divina Misericordia,
amparándome en la generosidad
de tu Amor sin medida
y en la intercesión de tus santos,
Santa Faustina y San Juan Pablo II,
acudo en mi necesidad a pedirte este favor:
[Pídase con devoción].

Tú te compadeciste de la humanidad entera
cuando andaba sumida en las tinieblas;
de una multitud hambrienta
deseosa de tu Palabra;
de los pecadores, de los publicanos
y de los leprosos... Que no te temieron,
sino que confiaron en tu Misericordia...
Apiádate también de mí, porque en ti confío.

También te ruego que abras mi corazón
a bienes mayores que los que te pido,
haciéndome arder en deseos de penitencia
y de amor por la Sagrada Eucaristía,
encontrando en ellas el Agua purificadora
y la Sangre Redentora que manan de tu Costado
para darme el mayor de los bienes,
el don de la Vida Eterna.
Amén.

POR EL DULCE AROMA
DEL EVANGELIO

Jesús de la Divina Misericordia,
que inspiraste a Santa Faustina
tu bendita Imagen; y luego te serviste
del celo evangelizador de San Juan Pablo II
para difundir su devoción.

Te suplico que esos rayos de claridad
que brotan generosamente de tu Costado,
que evocan la Sangre mezclada con Agua
que derramaste por mi salvación
tras haber confiado tu Espíritu al Padre,
iluminen mi camino, enciendan mis afectos,
y configuren mis pensamientos;
para que mis obras en esta vida
puedan testimoniar tu Misericordia
a cuantos la buscan sin hallarla
de sus hermanos los hombres.

Hazme a mí también participar de tu perdón,
y ayuda a tus fieles a impregnar este mundo
de la generosidad del aroma
y de la dulce fragancia del Evangelio,
mientras que vamos de camino hasta el Cielo.
Amén.

AL DULCE COSTADO
DE NUESTRO SEÑOR

Oh, Dulce Costado de mi Maestro y Señor,
permíteme alcanzar la grandeza
de los Misterios de su Amor
a través de la Santa Herida
que conduce hasta los tesoros
que guarda en su Sagrado Corazón.

Oh, Dulce Costado de mi Redentor,
sé mi refugio y guaréceme en tu interior
de todos los peligros que me acechan,
sin apartarme de la mirada de mi Señor.

Oh, Dulce Costado de mi único Juez,
sé el lugar de mi consuelo en la tribulación,
pero no permitas que deje de ofrecerle
el agua de mis lágrimas
a cambio del torrente purificador
de su Divina Misericordia, y le agradezca,
también en la angustia y el dolor,
haber culminado la obra de nuestra Redención
al precio de derramar hasta la última gota
de su Preciosa Sangre por los pecadores.
Amén.

DIVINA MISERICORDIA, QUE NOS HACES MÁS HUMANOS

Bendito y alabado seas Señor,
porque por medio de tu Divina Misericordia
nos haces más humanos,
entregándonos gratuitamente, además,
cuanto las fuerzas de nuestra condición
pretenden y no alcanzan,
cuanto nuestros corazones anhelan
y en este mundo no hallan.

I. Nuestra condición de criaturas amadas

Tú nos recuerdas nuestra condición
de humildes criaturas,
alejándonos de la tentación,
anclada en los Orígenes,
de pretender llegar a ser
por nosotros mismos como dioses;
permitiéndonos mirar al Cielo
para pedir el auxilio
del único Dios Verdadero,
que nos concederá bienes mayores
que los que alcanzaríamos
por nuestras propias fuerzas y deseos,
haciéndonos tratar con humildad

aquellos que con esfuerzo logramos;
porque la Providencia y la Misericordia
se unen incluso para procurarnos
el sustento diario y el don de la vida,
regalos de un Dios
que nos ama apasionadamente
y que se conmueve por nosotros
en nuestras necesidades.

II. Nuestra condición de pecadores

Señor, por tu Divina Misericordia
nos muestras nuestra condición
de pecadores,
no para nuestra condena y perdición,
sino para abrirnos tu costado,
purificándonos y nutriéndonos
con el Agua y la Sangre que manan de él.
Tú moriste por nosotros
y quisiste que el recuerdo de tu Amor
permaneciera por medio de tus llagas
en tu Cuerpo Glorioso y Resucitado,
para que no olvidásemos
cuál ha sido el precio que has pagado
para darnos la Vida Eterna.
Tú moriste por nosotros clamando perdón
para toda la humanidad,

instándonos con tu ejemplo
a ser misericordiosos
con nuestros hermanos más débiles,
más torpes, e incluso más obstinados
que aquellos soldados
que no sintieron remordimientos
a lo largo de tu Pasión;
por ello, Señor, haznos mirar
a nuestro prójimo con indulgencia,
porque a nosotros
no nos corresponde el Juicio,
ni queremos tomar parte
de la inmisericorde estrategia
del Maligno Acusador,
que nos instará a reprobar
tu infinita y generosa Misericordia, Señor.

III. Nuestra condición
de sembradores de esperanza

Y tú también, Señor,
promoviendo la devoción
a tu Divina Misericordia,
en el espíritu de cuanto confiaste
a Santa Faustina Kowalska,
y que San Juan Pablo II difundió,
nos mueves a combatir el mal

con el testimonio de nuestras obras,
pero también por nuestras oraciones,
confiando en su poder,
no sólo ante las dificultades
de la propia vida,
sino también para rescatar
los corazones más endurecidos,
que bien merecen el esfuerzo generoso
de plantar la semilla del Evangelio
incluso allá donde nosotros
no esperamos hallar fruto,
porque no es a nosotros
a quien nos corresponde
determinar sus tiempos,
sino a ti, Señor,
que recibiste en la tierra mejor acogida
entre los publicanos y los pecadores
que entre los fariseos y los hipócritas,
que despreciaron y condenaron
tus palabras de esperanza
para un mundo en tinieblas,
en el que brotó una Luz
para todos cuantos te recibieron.
Señor, ten Misericordia de nosotros
y que el fulgor de tu Corazón de Carne
nos haga más humanos.
Amén.

EN TI CONFÍO

Jesús, porque siendo Dios te encarnaste
en el seno virginal de una humilde
Hija de Abrahán y Sierva de Israel,
naciendo pobre entre los más pobres
en un austero establo de Belén... En ti confío.

Jesús, porque Herodes fue tras tu Sangre
cuando ordenó la matanza de los inocentes;
la que libremente derramarías en la Cruz
para el perdón de los que se arrepienten
y se reconocen culpables... En ti confío.

Jesús, porque te ganaste el pan en tu mesa
aprendiendo el noble oficio de San José,
con quien sufriste, junto a tu Madre,
el exilio en Egipto, donde fuiste extranjero...
En ti confío.

Jesús, porque invitaste a tu Reino
a los más humildes y necesitados,
convocándolos cual rebaño en tu Iglesia,
dando parte de tu heredad al pobre,
al huérfano y a la viuda, como anunciaron
los profetas, y derramando tu Misericordia
en favor de los atribulados... En ti confío.

Jesús, porque antes de tu Pasión
te sentaste a la mesa con tus discípulos,
haciéndoles dispensadores de tu Gracia,
y confiándoles el memorial
de tu Cuerpo entregado
y de tu Sangre derramada,
por el que permaneces con nosotros
y nos sirves de sustento... En ti confío.

Jesús, porque abrazaste tu Pasión
como Cordero inocente llevado al matadero,
abriendo las puertas de tu Reino
a aquel buen ladrón arrepentido
en quien todos debemos
sentirnos representados... En ti confío.

Jesús, porque cuando todo fue consumado
tu Cuerpo inerte nos entregó
las últimas de tus ofrendas en la Cruz:
Agua para purificarnos y vivificarnos,
y Sangre para nutrirnos... En ti confío.

Jesús, en ti confío, y te pido que me concedas
la bienaventuranza que corresponde
a los que por tu Gracia creen sin haber visto,
según indicaste al incrédulo Tomás,
y hazme decirte con él: "Señor mío y Dios mío".
Amén.

SÚPLICA ANTE LA BENDITA IMAGEN DE LA DIVINA MISERICORDIA

Señor mío y Dios mío,
acudo ante la Imagen
que inspiraste a Santa Faustina
para hablarnos de tu Misericordia
y mostrarnos las señales de tu Pasión
tras el triunfo de tu Resurrección.

De ellas supe cuando me bañaste
en las aguas bautismales
y me diste de beber y comer
tu Preciosa Sangre y tu Cuerpo
ocultos en el Sacramento de la Eucaristía,
haciéndome partícipe de tu triunfo
sobre los enemigos de mi salvación.

Permíteme agradecerte tus favores
y elevarte mi súplica por esta petición:
[Pídase con devoción],
pero también te pido
que me sigas bendiciendo con la cruz,
para mayor provecho de mi alma
tan necesitada de purificación.
Amén.

EN LA MEDIDA DE MI FE

Señor mío y Dios mío,
que te hiciste hombre y viniste al mundo
para realizar la obra de nuestra salvación.

Habitando entre nosotros
instruiste a los sencillos,
consolaste a los tristes,
diste la vista a los ciegos
e hiciste caminar a los paralíticos,
tendiste tu mano a los leprosos,
a los publicanos y a las pecadoras.
Nos hablaste de la Gracia y la Misericordia,
obteniéndolas para nosotros por tu Pasión,
dispensándolas por medio de tu Iglesia,
a la que confiaste tus Sacramentos.

No rechazaste la súplica
que brotó de la fe del Centurión,
bendijiste la humildad de Nicodemo,
y a Zaqueo lo invitaste a su propia mesa.

Permíteme que, por esta confianza,
te presente mis necesidades:
[Pídase con devoción] para que reciba,
como dijiste a Santa Faustina, según mi fe.
Amén.

LA LANZADA
(ACTO DE CONTRICIÓN)

Oh, Señor de la Divina Misericordia,
de tu Costado manó Sangre
mezclada con Agua
cuando fue atravesado por la lanzada.

Te ruego que me purifiques,
con ese Agua que brotó de tu pecho,
de mis faltas de amor a Dios,
de mis dudas consentidas
cuando tu confianza reclama
de mí una fe mayor,
de los falsos ídolos que alzo en mi vida
poniendo en ellos mis seguridades,
y de los propios engaños de mi afecto
cuando excuso no amar a Dios
sobre todas las cosas
para terminar no amando
a los que me fueron confiados
y apelando contra la Sabiduría Divina
cuando me exige perdonar a los enemigos.

Te ruego que claves en mi corazón
la lanza del amor de Dios,

para que pueda amarle más que a nadie,
y más que a todas las cosas,
para que repare por las promesas
que te hice y que no cumplí,
por los juramentos con los que puse
el honor de tu Palabra
a la altura de mis labios tan parciales,
pero, sobre todo, por las veces
en que alardeando de mi condición cristiana
he confundido y escandalizado
a los más débiles y humildes.

Nútreme con tu Preciosa Sangre
y clava en mi pecho el amor de Dios
para que con mi vida pueda honrarte.

Que el Agua de tu Costado
también me purifique
por mis faltas de amor
a la Sagrada Eucaristía,
en la que te ocultas para darte en alimento
y permanecer con tus fieles discípulos
hasta el fin de los días.

Nutre mi afecto con tu Preciosa Sangre,
y clava en mi pecho el amor de Dios
para que participe de la Santa Misa

de un modo atento y sin prisas,
para que toda mi labor en la semana
pueda arrancar del triunfo de la Pascua
que tu Iglesia celebra cada Domingo.

Que el Agua que mana de tu Costado
me purifique por mis faltas de amor
y de agradecimiento a mis padres
y a quienes velaron por mí,
así como a cuantos pusiste a mi cargo.

Aliméntame con tu Sangre,
y clava en mi pecho el amor de Dios
para que mi fiel cumplimiento
del Cuarto Mandamiento
testimonie el Amor celestial
con el que Dios ama a sus hijos.

Lávame con el Agua de tu Costado
y purifícame por mi dureza de corazón
frente a mis semejantes,
por mis odios, rencores y desprecios,
por mi falta de empeño en defender
toda vida humana como digna,
y por erigirme como juez de mis hermanos
cuando no soy quien para juzgarlos.

Que tu Preciosa Sangre nutra mi afecto
y clave en mi pecho el amor de Dios
haciéndome avanzar en la práctica
de la Santa Virtud de la Caridad.

Purifícame con el Agua sanadora de tu pecho
de todas las pasiones que consiento
y que manchan la pureza de mi cuerpo,
y líbrame de las garras de la sensualidad
y de la ceguera que producen en mis ojos
los placeres ilegítimos de la Tierra.

Nútreme con tu Preciosa Sangre
y clava en mi pecho el amor de Dios
para que ame con un corazón casto,
limpio de toda bajeza,
radiante por su generosidad y pureza.

Que el Agua de tu Costado
también me purifique del apego
por todas las cosas materiales,
y de la envidia por los bienes
con los que bendices a mi prójimo.

Nútreme con tu Preciosa Sangre
y clava en mi pecho el amor de Dios
para que busque atesorar bienes en el Cielo

mediante el desprendimiento y la limosna,
compartiendo lo que tengo,
especialmente el bien preciado
de mi propio tiempo.

Que el Agua de tu Costado
también me purifique por cuanto no amé
faltando a la verdad por mi interés,
por mis excusas frente a mis flaquezas,
por la altanería de mis palabras hirientes
tan faltas de Verdad o Caridad.

Nútreme con tu Preciosa Sangre
y clava en mi pecho el amor de Dios
para que me conduzca de la mano
del recto sentido de tus enseñanzas.

Como el Pelícano alimenta a sus polluelos,
nútreme con la Sangre de tu Costado,
y vivifícame en el torrente purificador
que mana de esta Fuente de Agua Viva.

Señor, concédeme la Gracia
que me permita crecer
en el amor a los Mandamientos,
que son fortaleza para el bien
y faro para la práctica de la Misericordia.
Amén.

ACTO DE AGRADECIMIENTO

Señor mío y Dios mío,
que pagaste nuestro rescate
al precio de tu Preciosa Sangre,
manteniendo en tu Cuerpo sus heridas
para testimonio de tu Divina Misericordia.

Contrito por la causa de tu sacrificio,
también exulto de gozo por tu triunfo,
porque su eficacia salvadora
ha llegado hasta mi propia vida,
haciéndome miembro de tu Iglesia,
iluminando las tinieblas de mi existencia,
y mostrándome el camino
que me conduce hasta tu Gloria.

Jesús de la Divina Misericordia,
mucho he necesitado de tu perdón,
mucho he acudido a ti ante mis problemas,
y de muchos peligros me has guardado
cuando he reclamado tu auxilio,
adelantándote también a mis plegarias
sin que pudiera advertirlo
para agradecértelo, obrando en mi favor
lejos del alcance de mis ojos.

Dispón mi alma para que se abra
a recibir de ti mayores bienes
que aquellos que mi torpeza limita
para que comprenda pedirte,
sabiendo que cuanto te pido
con la tasa de medir de un pobre mendigo
lo rebosas con la magnanimidad
de tu infinita majestad.
Amén.

૪૦

ORACIÓN QUE EL SEÑOR CONFIÓ A SANTA FAUSTINA

Esta oración fue confiada mediante una revelación particular
de Nuestro Señor a Santa Faustina Kowalska.

Oh Sangre y Agua, que brotaste
del Santísimo Corazón de Jesús
como una fuente de Misericordia
para nosotros... En ti confío.

NOVENA SENCILLA
Repítase esta misma oración durante nueve días

Oh, Jesús de la Divina Misericordia,
que instaste a Santa Faustina a pedir con fe,
y que durante tu vida terrena nos ilustraste
con la Parábola de aquella pobre viuda
que clamaba con insistencia ante el juez
para que sus peticiones fueran atendidas,
sin reparar en los tiempos o momentos
ni en la prudencia de su petición.

Te ruego que acojas mi súplica
y me concedas este favor: [Pídase]

Señor mío y Dios mío,
como terminó llamándote
el incrédulo Tomás al reconocerte,
que crezca mi esperanza
cada día de esta novena,
para que atiendas mi ruego
según la medida de mi fe.

Que el Agua que brota de tu Corazón
purifique mis anhelos y avive mi confianza,
y que tu Preciosa Sangre me renueve
cada día de mi vida.
Amén.

A LA TRES DE LA TARDE

A las tres de la tarde
Pilato ya tendría sus manos bien secas,
tras lavárselas ante la muchedumbre
y sentenciar sin condena a un inocente.

A las tres de la tarde
Caifás ya se habría cambiado sus vestiduras,
rasgadas por él mismo escandalizado
mientras declaraba blasfemo
al mismo Dios ante sus ojos.

A las tres de la tarde
ya eran muchas las horas en las que el gallo
guardaba silencio después de cantar.

A las tres de la tarde
no sabemos si Judas habría sucumbido
presa de sus remordimientos
cerrándose a la Misericordia.

Señor, a las tres de la tarde
tu Santísima Madre, San Juan, la Magdalena,
las otras mujeres y el buen ladrón,
te dirigieron su última mirada
antes de que exhalaras tu último aliento.

A las tres de la tarde,
los soldados ya tenían prisa,
la turba quedó satisfecha,
y tus acusadores volvieron a sus casas.

A esa bendita y terrible hora, Señor,
el Cielo se cubrió,
se rasgó el velo del Templo,
confiaste tu espíritu al Padre,
y dando un fuerte grito expiraste.

En la Santa Cruz sólo estaba ya tu Cuerpo
y de tu Costado manaron Sangre y Agua
como respuesta a la lanzada.

Agua, símbolo y fuente de vida,
que clama por nuestra purificación;
Sangre que consuma nuestro perdón,
alimento eucarístico
y viático para la Vida Eterna.

Señor, que cada día recuerde tu Pasión,
a esta bendita hora en que te apiadaste
de nosotros y del mundo entero.
Amén.

ORACIÓN DE PETICIÓN PARA LAS TRES DE LA TARDE

Jesús de la Divina Misericordia,
esta hora, las tres de la tarde,
fue el momento en el que consumaste
tu obra salvadora en favor
de toda la humanidad.

Y, para honrar esta misma hora,
le prometiste a Santa Faustina Kowalska
que nos sería concedido
todo cuanto en ella te pidiéramos
mientras no se opusiera a tu voluntad.
Por esto, en esta hora, Señor,
te elevo esta petición: [Pídase con fe].

Asimismo, permíteme ahora
unirme a tantos cristianos
que rezarán en este momento la oración
que le confiaste a Santa Faustina:
"Oh, Sangre y Agua, que brotaste
del Santísimo Corazón de Jesús
como una fuente de Misericordia
para nosotros. En ti confío".
Amén.

ORACIÓN EN FAVOR DE LOS DEVOTOS DE LA DIVINA MISERICORDIA

Jesús de la Divina Misericordia,
acuérdate de todas las personas
que a través de esta devoción
recurren a ti para pedirte
que aumentes en ellos el don de la Fe;
haz que sus corazones
puedan transformarse a imagen del tuyo,
y purifícales de toda dolencia o miseria
espiritual o corporal...

No desatiendas sus ruegos
y préstales tu auxilio en los momentos
más difíciles de sus vidas,
de un modo especial a quienes
más necesitados están
del perdón de sus hermanos;
personas que quizá ni conozcamos,
pero que en su soledad o abandono
desearían nuestras oraciones
porque más las necesitan.
Amén.

A SANTA FAUSTINA KOWALSKA

Dios Todopoderoso y Padre Bueno,
que inspiraste en Santa Faustina
los sentimientos misericordiosos
del Sagrado Corazón de tu Divino Hijo;
tú la llamaste al Amor
mediante su vocación
como esposa del Señor, y ella
le sirvió como instrumento propagador
de su Divina Misericordia,
transmitiendo fielmente
su mensaje al mundo.

Atiende la súplica que por ella te presento
al haber sido contada entre los santos
que gozan de tu compañía en el Cielo:
[Pídase con devoción].

Y a ti, Santa Faustina, sierva humilde,
devota incansable y virgen virtuosa,
te agradezco que con tu vida testimoniaras
que no hay perla más preciosa
ni mayor tesoro, que el Amor de Dios
y su infinita Misericordia,
ahora en el tiempo y por toda la eternidad.
Amén.

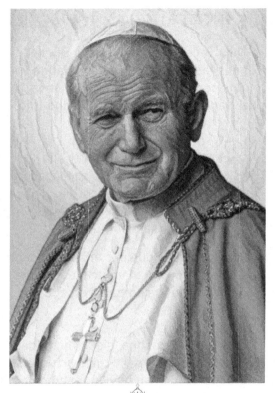

Totus Tuus

A SAN JUAN PABLO II

Oh Dios Espíritu Santo,
que de Polonia, "un país lejano",
azotado por la guerra y los totalitarismos
que asolaron la Europa del Siglo XX,
escogiste un sucesor para Pedro
que dirigiese la barca de la Iglesia
entre los retos de un nuevo milenio;
atiende la súplica que por él te presento
al haber sido contado entre los santos
que gozan de tu Amor en el Cielo:
[Pídase con devoción].

Y a ti, a quien llamamos Santo Padre,
ahora venerado como San Juan Pablo II,
te ruego que nos ayudes desde el Cielo
a luchar por cuanto luchaste en la Tierra.

Tú defendiste la dignidad
de toda vida humana,
y ayudaste a los pueblos
a caminar por senderos de libertad.

Llevaste a los cinco continentes
el mensaje de la Fe y tu cayado de Pastor.

Mostraste a los sabios de este mundo
la grandeza de la devoción de los sencillos,
visitando infinidad de santuarios
para rezar recogido en el silencio.

Poblaste nuestros altares de nuevos santos,
para fortalecer con su testimonio a la Iglesia,
gestando, por la Gracia de Dios,
la primavera de una Nueva Evangelización.

Nos propusiste como modelo de santidad
a Sor Faustina, y propagaste con tu celo
el mensaje que el Señor le confió.

En la Tierra se recuerdan
tus sacrificios como Sacerdote,
tus desvelos paternales
como Vicario de Cristo;
haz por ellos que crezcamos
en unidad con el papa actual: [Nombre].

Extenso fue tu Pontificado,
como extenso fue tu Magisterio,
pero permíteme al menos pedirte
que desde el Cielo nos sigas contagiando
de tu pasión por los Sacramentos
de la Confesión y la Eucaristía,

el compromiso con la llamada universal
a la santidad que nace del Bautismo,
así como tus esfuerzos en proteger
la vida de los no nacidos,
tu afecto por el Santo Rosario,
y tu confianza en la Divina Misericordia,
en favor nuestra y de los pecadores,
recordando que estamos llamados
a ser sal de la tierra y luz del mundo.
Amén.

SEÑOR, CREA EN MÍ
UN CORAZÓN MISERICORDIOSO

Señor, que el resplandor de la Luz
que brota de tu costado
renueve en su fulgor mi corazón,
para que sea conformado
a imagen y semejanza del tuyo;
hazlo fuerte para amar con fidelidad,
hazlo fiel para no olvidar
cuando tenga que agradecer,
y haz que olvide pronto
cuando tenga que perdonar.

Señor, que recuerde diariamente
a la hora de tu muerte
que el rescate de mi vida
ha tenido un alto precio;
para que me disponga diligentemente
a hacer cuanto bien me sea posible,
sin demoras, sin excusas,
pidiendo la Gracia necesaria
para que no actúe es pos de mi vanidad,
sino para honrar el Santo Nombre de Dios,
a quien pertenece la Gloria por siempre.
Amén.

PROMESAS DE LA DIVINA MISERICORDIA

Éstas son las promesas que Nuestro Señor hizo a Santa Faustina a propósito de la devoción a su Divina Misericordia. Las transcribimos de forma literal añadiendo entre paréntesis cuanto sea necesario para su contextualización. Citamos la página del Diario de Santa Faustina en la que se hallan recogidas:

I. "Prometo que el alma que venere esta imagen (de la Divina Misericordia) no perecerá. También le prometo la victoria sobre sus enemigos aquí ya en la tierra, especialmente en la hora de la muerte. Yo mismo la defenderé como a mi propia gloria". (Diario, Pg. 48)

II. "Los dos rayos simbolizan Sangre y Agua... Estos dos rayos salieron de las mismas profundidades de mi tierna misericordia cuando se abrió mi Corazón agonizante por una lanzada en la Cruz. Estos rayos protegen a las almas de la ira de mi Padre... Deseo que la Fiesta de la Misericordia sea el primer domingo tras la Pascua... A quien se acerque a la

Fuente de la Vida en este día se le concederá el perdón completo de sus pecados y de su castigo. La humanidad no hallará la paz hasta que confíe en mi misericordia". (Diario, Pg. 299-300)

III. "Deseo que se celebre solemnemente la Fiesta de la Misericordia el primer domingo tras la Pascua... El alma que se confiese y reciba la Sagrada Comunión (estando en gracia en este día) obtendrá la completa remisión de sus pecados y de sus penas". (Diario, Pg. 699)

IV. (Sobre la Coronilla) "quien la rece recibirá una gran misericordia en la hora de su muerte". (Diario, Pg. 687)

V. (Sobre la Coronilla) "los sacerdotes la recomendarán a los pecadores como su última esperanza de salvación. Aunque el pecador esté muy endurecido, si recita esta Coronilla una sola vez, recibirá la gracia de mi infinita misericordia... Quiero conceder a las almas que confían en mi misericordia gracias inimaginables".
(Diario, Pg. 687)

VI. "Mi misericordia abrazará a las almas que recen esta Coronilla durante su vida y especialmente en la hora de su muerte". (Diario, Pg. 754)

VII. "Las almas que propaguen el honor de mi misericordia... No seré para ellas un Juez en la hora de la muerte, sino su Misericordioso Salvador". (Diario, Pg. 1075)

VIII. "La oración por la conversión de los pecadores es la que más me agrada. Has de saber, hija mía, que esta oración es siempre escuchada y atendida". (Diario, Pg. 1397)

IX. "Mayor es mi misericordia que tus pecados y los del mundo entero". (Diario, Pg. 1485)

X. "Les daré un poder maravilloso a los sacerdotes que proclamen y exalten mi misericordia; ungiré sus palabras y tocaré los corazones de aquellos a quienes se dirijan". (Diario, Pg. 1521)

XI. "Podrás obtener todo por medio de esta coronilla, si aquello que pides es acorde a mi voluntad". (Diario, Pg. 1731)

XII. "Cuando la recen los pecadores más endurecidos, llenaré sus almas de paz, y la hora de su muerte será dichosa". (Diario, Pg. 1541)

XIII. "Cuando esta coronilla se rece en la presencia de los moribundos, me pondré entre mi Padre y el moribundo, no como un Juez justo, sino como su Salvador misericordioso". (Diario, Pg. 1541)

XIV. "Implora mi misericordia a las tres, especialmente por los pecadores; y sumérgete en mi Pasión, aunque sea por un breve instante, más en particular en mi abandono en el momento de la agonía... Al alma que me haga una petición en virtud de mi Pasión no negaré nada". (Diario, Pg. 1320)

XV. Cuando con corazón contrito y con fe reces esta oración por algún pecador, le concederé la gracia de la conversión. Esta oración es la siguiente:

"Oh, Sangre y agua
que brotaste del Corazón de Jesús
como una fuente de Misericordia
para nosotros... En ti confío"

(Diario, Pg. 186)

INDULGENCIAS PARA EL DOMINGO DE LA DIVINA MISERICORDIA
(SEGUNDO DOMINGO DE PASCUA)

Siendo San Juan Pablo II el Vicario de Cristo en la Tierra, el 29 de Junio del año 2.002, Solemnidad de los Santos Pedro y Pablo, la Penitenciaría Apostólica de la Santa Sede hizo público el Decreto sobre las indulgencias que se pueden alcanzar en la fiesta de la Divina Misericordia.

El Decreto recuerda los requisitos para poder obtener estas indulgencias:

+ Recibir el Sacramento de la Confesión de manos del sacerdote desde la semana anterior hasta la semana posterior, siendo necesario que sea en la semana anterior si hay pecado mortal.
+ Recibir la Sagrada Comunión desde una semana antes hasta una semana después.
+ Orar por las intenciones del Papa.
+ Aborrecer todo pecado, tanto el mortal como el venial.

SE CONCEDE LA INDULGENCIA PLENARIA

A los fieles que en la Fiesta de la Divina Misericordia participen en actos piadosos realizados en su honor, o al menos recen la oración del Padrenuestro y profesen el Credo ante el Santísimo Sacramento (en el Sagrario o expuesto), añadiendo una invocación al Señor Jesús misericordioso (como: "Jesús misericordioso, confío en ti").

Los enfermos que ofrezcan al Señor su enfermedad, aquellos que les atienden, los navegantes, quienes están siendo víctimas de la guerra o la persecución política, personas desplazadas de su hogar por motivos de fuerza mayor… No precisan, a no ser que sí les fuera posible, asistir a una iglesia, bastando con que recen el Padrenuestro con devoción, hagan una invocación piadosa, y profesen el Credo, pudiendo hacerlo simplemente ante una imagen.

Se concede una indulgencia parcial a los fieles que, con corazón contrito, eleven alguna invocación piadosa a Jesús de la Divina Misericordia.

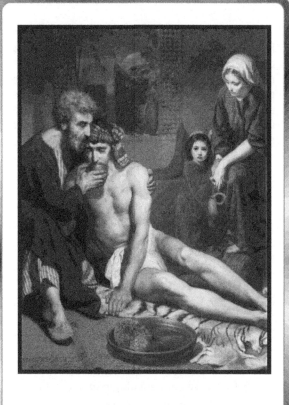

LAS OBRAS DE
MISERICORDIA

En el año del Jubileo de la Misericordia que el Papa Francisco decretó con motivo del 25 Aniversario de la clausura del Concilio Vaticano II, forteleciendo la práctica de la Confesión y procurando un lugar central para la Divina Misericordia, los sacerdotes recordamos a nuestros feligreses que no olvidaran aquella lista de Obras de Misericordia que aprendimos de niños y que sería bueno saber de memoria:

LAS OBRAS DE MISERICORDIA CORPORALES

1. Visitar y cuidar a los enfermos.
2. Dar de comer al hambriento.
3. Dar de beber al sediento.
4. Dar posada al peregrino.
5. Vestir al desnudo.
6. Visitar a los presos.
7. Enterrar a los muertos.

LAS OBRAS DE MISERICORDIA ESPIRITUALES

1. Enseñar al que no sabe.
2. Dar buen consejo al que lo necesita.
3. Corregir al que yerra.
4. Perdonar las ofensas.
5. Consolar al triste.
6. Sufrir con paciencia los defectos del prójimo.
7. Rogar a Dios por vivos y difuntos.

NOVENA
A NUESTRO SEÑOR
DE LA DIVINA
MISERICORDIA

Nuestro Señor le pidió a Sor Faustina el Viernes Santo de 1937 que preparase la celebración del día de la Divina Misericordia (Segundo Domingo de Pascua) rezando una Novena, y que en cada uno de los nueve días orase pidiendo por un grupo diferente de personas para sumergirlas en el mar de su misericordia. También debía pedir al Padre que concediera gracias abundantes para estas almas por el poder de la Pasión de su Hijo.

Santa Faustina relató así en su Diario el deseo del Señor: "Quiero que en esta Novena traigas a las almas hasta la fuente de mi misericordia, donde hallarán fuerza, refugio y todas las gracias que necesitan en las pruebas de la vida, y más en la hora de la muerte. Cada día de esta Novena traerás un grupo diferente de almas a mi corazón, para sumergirlas en el océano de mi misericordia, yo las llevaré hasta la casa de mi Padre. Pedirás misericordia a mi Padre cada día por estas almas por los méritos de mi amarga Pasión". (Pg. 1209)

El momento más significativo para rezar esta Novena es en aquellos mismos días que el Señor la propuso para preparar su Fiesta de la Divina misericordia, comenzando el Viernes Santo, pero nada impide que pueda hacerse también en cualquier otro momento del año.

Día I. POR TODA LA HUMANIDAD, ESPECIALMENTE POR LOS PECADORES

"Hoy acercarás hasta mí
a toda la humanidad,
especialmente a los pecadores,
para que pueda sumérgelos
en el Océano de mi misericordia.
Así consolarás la amarga tristeza
en que me sume
la perdición de las almas"

Jesús misericordioso,
que nos muestras tu grandeza
compadeciéndote de nosotros
para perdonarnos,
no mires nuestros pecados,
sino la humilde confianza
que depositamos en tu bondad infinita.

Prepáranos un lugar
en la morada de tu Corazón misericordioso
y no permitas que nunca lo abandonemos.

Te lo pedimos en el nombre del amor
que te une al Padre y al Espíritu Santo.

Dios Padre Eterno,
muestra tu rostro misericordioso
a la humanidad entera,
de un modo especial a los pecadores,
a quienes confiamos
al Corazón misericordioso de tu Hijo.

Por los méritos de su gloriosa Pasión,
muéstranos tu misericordia,
para que así podamos glorificar también
la grandeza todopoderosa de tu clemencia,
por los siglos de los siglos.
Amén.

*Rezamos la Coronilla
de la Divina Misericordia.*

Día II. POR LAS ALMAS CONSAGRADAS POR MEDIO DEL SACERDOCIO Y DE LA VIDA RELIGIOSA

*"Hoy acercarás hasta mí
a las almas consagradas
en el sacerdocio y en la vida religiosa,
para que pueda sumergirlas
en mi insondable misericordia.
Ellas especialmente me dieron fuerzas
para soportar mi amarga Pasión.
Son un cauce
mediante el que mi misericordia
fluye para toda la humanidad"*

Jesús misericordioso,
de quien viene toda bondad.
Multiplica tus dones para las almas
consagradas a tu servicio,
para que puedan realizar
obras dignas de tu misericordia,
y para que cuantos las vean

glorifiquen al Padre de toda misericordia
que está en el Cielo.

Dios Padre Eterno,
dirige tu rostro misericordioso
hacia los escogidos de tu viña
y confiéreles la fuerza de tus bendiciones.

Por amor al Sagrado Corazón
de tu Hijo Jesucristo,
en el que están unidos,
confiéreles tu fuerza y tu luz,
para que puedan dirigir a sus semejantes
por el camino de la salvación
y alaben a una sola voz
la bondad de tu misericordia,
por los siglos de los siglos.
Amén.

*Rezamos la Coronilla
de la Divina Misericordia.*

Día III. POR LAS ALMAS DEVOTAS Y FIELES

*"Hoy acercarás hasta mí
las almas devotas y fieles,
para que pueda sumergirlas
en mi insondable misericordia.
Ellas, a lo largo de la Vía Dolorosa,
también fueron motivo de consuelo.
Fueron una gota de sosiego
en medio de un impetuoso
mar de amargura"*

Jesús misericordioso,
derrama abundantemente
tu gracia sobre tus fieles
desde el tesoro inagotable
de tu Divina Misericordia.

Recíbenos dentro de tu Corazón compasivo
y no nos permitas nunca salir de él.
Te pedimos esta gracia por el mayor amor
que inflama tu Corazón de fervor
por tu Padre celestial.

Padre eterno, dirige tu rostro clemente
hacia las almas creyentes y piadosas,
ellas son la heredad de tu Hijo.
Por los méritos y padecimientos
de su dolorosa Pasión,
concédeles tu bendición
y guárdalos bajo tu custodia.

Que no desistan nunca de su amor
ni pierdan el tesoro de nuestra santa Fe,
y así, con los santos y los ángeles del Cielo,
puedan glorificar tu misericordia
por los siglos de los siglos.
Amén.

*Rezamos la Coronilla
de la Divina Misericordia.*

Día IV. POR LAS ALMAS INCRÉDULAS Y LAS QUE NO CONFÍAN EN LA MISERICORDIA DIVINA

"Hoy acercarás hasta mí
a las almas de aquellos
que no creen en el Padre,
también las de aquellos
que aún no me conocen.
A ellos los tuve presentes también
al ofrecer mi amarga Pasión;
consoló mi Corazón
que hoy pueda llegar hasta ellos.
Sumérgelos
en el mar de mi misericordia"

Jesús misericordioso,
eres la Luz para la humanidad,
recibe en la clemente morada de tu Corazón
a las almas de quienes aún no creen en ti,
o que ni tan siquiera te conocen.

Que sean su luz los rayos de tu gracia,
para que, unidos a nosotros,
proclamen la grandeza de tu misericordia.
Guárdalos al cobijo de la morada
de tu Santísimo Corazón
rebosante de misericordia.

Dios, Padre Eterno,
dirige tu mirada misericordiosa
hacia las almas de cuantos
no creen en tu Hijo o aún no lo conocen,
pero que están ya presentes
en su compasivo Corazón.

Atráelos a la luz de tu Palabra.
Estas almas no conocen
la gran dicha que es amarte.
Haz que alaben por siempre y para siempre
la generosidad de tu misericordia.
Amén.

Rezamos la Coronilla
de la Divina Misericordia.

Día V. POR LAS ALMAS DE NUESTROS HERMANOS CRISTIANOS SEPARADOS DE LA IGLESIA CATÓLICA

*"Hoy acercarás hasta mí
las almas de los hermanos
que se apartaron de la Iglesia,
para que pueda sumergirlas
en el mar de mi Divina Misericordia.
Durante mi amarga Pasión,
ellos mutilaron
mi Cuerpo y mi Corazón,
esto es, mi Iglesia.
Cuando regresan a la Iglesia,
mis llagas se cicatrizan
y alivian mi Pasión"*

Jesús Misericordioso,
que eres la Misericordia misma de Dios,
no niegues tu luz
a cuantos te buscan con sinceridad.

Recibe en tu Corazón,
rebosante de clemencia,
las almas de nuestros hermanos
cristianos separados.

Dirígelos, con la ayuda de tu resplandor,
hasta la unidad en tu única Iglesia,
y no los desampares
de tu clemente Corazón, lleno de amor;
haz que también ellos lleguen a glorificar
la generosidad de tu perdón.

Dios, Padre Eterno,
dirige tu rostro misericordioso
a las almas de nuestros hermanos
cristianos separados,
especialmente a los que no han aprovechado
tus bendiciones y, rechazando tu gracia,
han permanecido obstinados en el error.
También ellos hallan cobijo
en el Corazón misericordioso de tu Hijo.
No mires sus errores y presta atención
al amor de tu Hijo y al dolor de su Pasión,
él quiso y aceptó sufrir también por ellos.
Padre, haz que glorifiquen tu gracia eterna
por los siglos de los siglos. Amén.

Rezamos la Coronilla de la Divina Misericordia.

Día VI. POR LAS ALMAS DE LOS MANSOS Y SENCILLOS, Y POR LOS NIÑOS PEQUEÑOS

"Hoy acercarás hasta mí
las almas de los mansos y humildes,
también las almas de los más jóvenes,
para sumergirlas
en mi Divina Misericordia.
Estas almas son singularmente
más parecidas a mi Corazón.
Fueron la fuerza
en mi amargo calvario.
Los veía como ángeles terrenales
que por mí velaban
a los pies de mis altares.
Sobre ellos derramo
la fuente abundante de mi gracia.
Sólo puede recibir mi gracia
el alma humilde; mi confianza está
en las almas humildes"

Jesús Misericordioso, tú nos dijiste:
"Aprended de mí,
que soy manso y humilde de corazón".
Acoge en tu Corazón
desbordante de misericordia
las almas mansas y sencillas,
y las de los niños.

Estas almas son la alegría de los Cielos
y las predilectas de tu Padre Eterno,
pues él se complace especialmente en ellas.
Son como un ramo de pequeñas flores
que derraman su fragante aroma
ante el trono de Dios.
Dios mismo está embriagado
con su perfume.
Ellas se resguardan
en tu Corazón misericordioso,
y cantan sin cesar
himnos de amor y gloria.

Dios, Padre Eterno, dirige tu mirada
misericordiosa hasta estas almas
humildes y mansas,
también hasta los niños pequeños
que se hayan seguros

dentro del dulcísimo Corazón
desbordante de misericordia de Jesús.

Estas almas se identifican con tu Hijo
más que ningunas otras.
Señor, y su fragancia sube de la tierra
para perfumar tu trono glorioso.

Padre misericordioso de bondad infinita,
te ruego, por el amor
que estas tiernas almas te inspiran
y la alegría que te ofrecen,
que bendigas a toda la humanidad,
para que todas las almas canten
las alabanzas que corresponden
a tu Divina Misericordia,
por los siglos de los siglos.
Amén.

Rezamos la Coronilla
de la Divina Misericordia.

Día VII. POR LAS ALMAS DE LOS DEVOTOS DE LA DIVINA MISERICORDIA

*"Que hoy acudan hasta mí
las almas que veneran y glorifican
mi Divina Misericordia
de manera especial,
y que se sumerjan en las profundidades
de mi misericordioso Corazón.
Son las que más se contristaron
por mi Pasión,
y han llegado hasta lo más profundo
de mi Espíritu. Son vivo reflejo
de mi Corazón compasivo.
Estas almas brillarán
con una luz única en la Vida Eterna.
Ninguna de ellas perecerá
en el fuego del infierno.
Defenderé a cada una de ellas
especialmente en la hora de su muerte"*

Caritativo Jesús,
tu Corazón es el Amor mismo,
recibe en tu tan misericordioso Corazón
las almas de aquellos que alaban y honran
de forma singular la grandeza
de tu divina Misericordia.

Estas almas son poderosas
porque cuentan con el mismo poder de Dios.
Siguen tus caminos en medio
de las pruebas y sufrimientos actuales,
protegidas por la Divina Providencia.
Llevan sobre sus hombros
a toda la humanidad unidas a ti;
y no serán juzgadas con dureza,
sino que tu bondad las recibirá
cuando llegue su momento
de abandonar este mundo.

Dios Padre Eterno,
dirige tu mirada misericordiosa
hasta las almas que alaban y honran
tu mayor prerrogativa,
tu misericordia infinita, custodiada
en el Santísimo Corazón de Jesús.

Estas almas viven acordes
con el espíritu del Evangelio
con las manos cargadas de obras buenas,
de obras de misericordia;
y sus corazones, rebosantes de gozo,
honran tu misericordia y entonan
los más nobles himnos a tu Majestad,
Supremo Señor.

Señor, te pido
que les muestres tu misericordia,
según la misma medida de su esperanza
y de la confianza que ponen en ti.

Que se vea cumplida en ellos
la promesa de Jesús: que quienes veneran
su infinita misericordia
serán asistidos por él durante su vida,
y especialmente en la hora de su muerte,
pues son su gloria.
Amén.

*Rezamos la Coronilla
de la Divina Misericordia.*

Día VIII. POR LAS BENDITAS ALMAS DEL PURGATORIO

*"Hoy acercarás hasta mí
a las almas que pasan por el trance
del Purgatorio para sumergirlas
en las profundidades de mi misericordia,
para que mi Sangre, a borbotones,
avive su fervor en ellas.
Estas almas son muy queridas para mí.
Cumplen con el paso justo
que purifica en mi Justicia,
pero tú puedes llevarles alivio.
Ofrece para ellas el tesoro
de las indulgencias que da mi Iglesia.
Si supieras los tormentos
que están sufriendo,
ofrecerías continuamente por ellas
tu limosna espiritual, pagando
las deudas que tienen con mi Justicia"*

Jesús de la Misericordia,
nos pediste que fuéramos misericordiosos.
Presento a las benditas almas del Purgatorio

ante al amparo de tu Corazón
desbordante de misericordia.
Son almas a las que tanto quieres,
pero que tienen que pagar por sus penas
o por sus pequeñas faltas allí.

Que el manantial de sangre y agua,
que brota de tu Sagrado Corazón,
aplaque las dolorosas llamas
purificadoras del Purgatorio,
para que también allí se glorifique
el poder y la fuerza de tu misericordia infinita.

Dios, Padre Eterno, mira con misericordia
a las almas que sufren en el Purgatorio,
Jesús mismo las recibe
en su Corazón desbordante de compasión.

Te suplico por los méritos de la dolorosa Pasión
que tu Hijo sufrió, y por la amargura
que invadió su santísima alma,
que muestres bajo la justicia de tu mirada
tu misericordia para con estas almas.
No las mires más que a través
de las heridas de Jesús, tu Hijo amado.
Te lo pedimos porque creemos firmemente
en tu infinita compasión y bondad. Amén.
Rezamos la Coronilla de la Divina Misericordia.

Día IX. POR LAS ALMAS QUE SON TIBIAS

*"Hoy acercarás hasta mí
las almas tibias,
sumérgelas en las profundidades
de mi Divina Misericordia.
Estas son las almas
que más hieren a mi Corazón.
Por estas almas, mi alma experimentó
la mayor agitación
en el Huerto de los Olivos.
Es por ellas que dije al Padre:
Aparta de mí este cáliz,
pero que se haga tu voluntad.
La última piedra
de salvación para ellas
está en que acudan a mi misericordia"*

Jesús misericordioso,
que eres la misericordia misma.
Hoy traigo hasta el seno
de tu misericordioso Corazón

las almas enfermadas por la tibieza.
Te pido que la pureza del amor
que enciendes en ellas
reavive el fuego de su amor,
y que el peso de su abrumadora indiferencia
no vuelva a pesar sobre ti.

Mi siempre misericordioso Jesús,
obra el infinito poder de tu misericordia
y atráelas hasta ti,
que eres el fuego vivo del amor,
y haz que ardan con santo fervor,
porque para ti son posibles todas las cosas.

Padre eterno, fija tus ojos misericordiosos
en estas almas, Jesús aún las acoge
en el seno de su Corazón.

Padre misericordioso, te ruego que
también ellas nazcan para la Gloria
en el mar inagotable de tu misericordia
por el sufrimiento de tu Hijo
y por las tres largas horas
de su agonía en la Cruz.
Amén.

Rezamos la Coronilla
de la Divina Misericordia.

CORONILLA DE LA DIVINA MISERICORDIA

NOTAS PRELIMINARES

Son muchos los fieles que emplean la expresión "Rosario de la Divina Misericordia", pero debemos recordar que su nombre correcto, y el único que fue utilizado por Santa Faustina Kowalska, es el de: "Coronilla de la Divina Misericordia".

Aunque utilicemos un rosario para rezarla, sólo lo empleamos como instrumento, no para darle nombre.

A pesar de que esta Coronilla contemple cinco secciones, en ninguna de ellas se nombra ningún misterio, aunque a criterio queda ofrecer cada sección por una intención diferente.

Esta Coronilla puede rezarse a cualquier hora, más si facilita que se rece con otras personas, en comunión de fieles o en familia, aunque el momento más significativo sea a las tres de la tarde, la hora de la muerte de Nuestro Señor.

Ninguna Letanía forma parte del rezo original de esta Coronilla, debiendo entenderse su rezo como una oración distinta que prosigue a otra oración anterior, en este caso: la Coronilla de la Divina Misericordia.

ORACIONES INICIALES

+ En el nombre del Padre, + del Hijo,
+ y del Espíritu Santo. Amén.

SI REZAMOS ESTA CORONILLA A LAS
TRES DE LA TARDE, PUEDE COMENZARSE
CON LA SIGUIENTE ORACIÓN DE SANTA
FAUSTINA PARA ESTA HORA:

Expiraste, Jesús,
pero un manantial de vida brotó
para las almas,
y el océano de tu misericordia
inundó el mundo entero.
Oh, Fuente de Vida,
insondable misericordia divina,
inunda el mundo entero
y derrámate sobre nosotros.

REPITAMOS TRES VECES:

Oh, Sangre y Agua que brotaste
del Corazón de Jesús como una fuente
de misericordia para nosotros,
en ti confío.

RECEMOS A DIOS PADRE
LA ORACIÓN QUE JESÚS NOS ENSEÑÓ:

Padre Nuestro...

DIRIJAMOS NUESTRA MIRADA A MARÍA,
A QUIEN SUS HIJOS LA LLAMAMOS
"MADRE DE MISERICORDIA":

Dios te Salve María...

HAGAMOS PROFESIÓN DE FE
EN UNIÓN CON EL SANTO PADRE
Y CON TODOS LOS CATÓLICOS DEL MUNDO:

Creo en Dios, Padre Todopoderoso,
Creador del Cielo y de la Tierra.

Creo en Jesucristo,
su único Hijo, Nuestro Señor,
que fue concebido
por obra y gracia del Espíritu Santo.

Nació de Santa María Virgen,
padeció bajo el poder de Poncio Pilato,
fue crucificado, muerto y sepultado.

Descendió a los infiernos,
al tercer día resucitó de entre los muertos,
subió a los cielos y está sentado
a la derecha de Dios, Padre Todopoderoso,
y desde allí va a venir
a juzgar a vivos y muertos.

Creo en el Espíritu Santo,
la Santa Iglesia Católica,
la comunión de los santos,
el perdón de los pecados,
la resurrección de la carne
y la vida eterna.
Amén.

PODEMOS AÑADIR:

Gloria al Padre, al Hijo,
y al Espíritu Santo...

Como era en un principio,
ahora y siempre,
por los siglos de los siglos.
Amén.

REZO DE LAS DECENAS

Cada una de las cinco decenas se rezan del mismo modo, repítase por cinco veces, recordando que podemos ofrecer la Coronilla entera por una intención o cada decena por separado por una intención distinta:

EN LA CUENTA DEL PADRE NUESTRO, QUE NO SE REZA, REZAMOS:

Padre Eterno,
te ofrezco el Cuerpo y la Sangre,
el Alma y la Divinidad
de tu amadísimo Hijo,
Nuestro Señor Jesucristo,
como propiciación por nuestros pecados
y los del mundo entero.

EN LAS DIEZ CUENTAS CORRESPONDIENTES AL AVE MARÍA, QUE NO SE REZA, REZAMOS:

Por su dolorosa Pasión,
ten Misericordia de nosotros
y del mundo entero.

PROCÉDASE DEL MISMO MODO
EN CADA UNA DE LAS CINCO DECENAS

CONCLUIMOS, TRAS HABER REZADO
LAS CINCO DECENAS,
REPITIENDO TRES VECES:

Santo Dios, Santo Fuerte, Santo Inmortal,
ten Misericordia de nosotros
y del mundo entero.

PODEMOS AÑADIR:

Oh Sangre y Agua que brotaste
del Santísimo Corazón de Jesús,
como fuente de Misericordia
para nosotros... En ti confío.

OREMOS: Eterno Dios,
tu misericordia infinita es un tesoro
de compasión inagotable.
Míranos con bondad
y haz crecer tu Misericordia en nosotros,
para que no nos desesperemos
en los momentos difíciles,
sino que nos sometamos
confiadamente a tu santa Voluntad,
porque ella contiene en sí
tu mismo Amor y Misericordia.
Amén.

El Señor nos bendiga:
+ En el nombre del Padre,
+ Del Hijo,
+ Y del Espíritu Santo.
Amén.

¤ Santa Faustina Kowalska.
➤ Ruega por nosotros.

¤ San Juan Pablo II.
➤ Ruega por nosotros.

¡Jesús, en ti confío!

╬

LETANÍAS EN HONOR
DE LA DIVINA
MISERICORDIA

LETANÍAS DE CONFIANZA

† **Señor, ten piedad...** ➢ Señor, ten piedad.
† **Cristo, ten piedad...** ➢ Cristo, ten piedad.
† **Señor, ten piedad...** ➢ Señor, ten piedad.

† **Cristo, óyenos...** ➢ Cristo, óyenos.
† **Cristo, escúchanos...** ➢ Cristo, escúchanos.

† **Dios, Padre celestial...**
   ➢ Ten misericordia de nosotros.
† **Dios Hijo, Redentor del mundo...**
   ➢ Ten misericordia de nosotros.
† **Dios Espíritu Santo...**
   ➢ Ten misericordia de nosotros.
† **Santísima Trinidad, un solo Dios...**
   ➢ Ten misericordia de nosotros.

¤ **Divina Misericordia,**
   atributo soberano de Dios Padre...
   ➢ En ti confío.
¤ **Divina Misericordia,**
   revelada al mundo por Dios Hijo...
   ➢ En ti confío.

¤ Divina Misericordia,
   que brotas del Amor inagotable
   de Dios Espíritu Santo…
   ➢ En ti confío.
¤ Divina Misericordia,
   misterio insondable
   de la Santísima Trinidad…
   ➢ En ti confío.

¤ Divina Misericordia,
   expresión de la Omnipotencia Divina…
   ➢ En ti confío.
¤ Divina Misericordia,
   por haber creado
   y puesto a nuestro servicio
   a los espíritus celestiales…
   ➢ En ti confío.
¤ Divina Misericordia,
   que nos llamaste a la existencia
   de la nada…
   ➢ En ti confío.
¤ Divina Misericordia,
   extendida por todo el Universo…
   ➢ En ti confío.
¤ Divina Misericordia,
   fuente de inmortalidad…
   ➢ En ti confío.

¤ Divina Misericordia,
   que nos libras del castigo...
   ➢ En ti confío.
¤ Divina Misericordia,
   que perdonas nuestros pecados...
   ➢ En ti confío.
¤ Divina Misericordia,
   que nos justificas
   por los méritos de Cristo...
   ➢ En ti confío.
¤ Divina Misericordia,
   que brotas de su Sagrado Corazón...
   ➢ En ti confío.
¤ Divina Misericordia,
   que emerges de la llaga de su Costado...
   ➢ En ti confío.
¤ Divina Misericordia,
   que nos confía a la Santísima Virgen
   como Madre Misericordiosa...
   ➢ En ti confío.
¤ Divina Misericordia,
   porque nos revelaste
   los Misterios de Dios...
   ➢ En ti confío.
¤ Divina Misericordia,
   por instituir la Iglesia Católica...
   ➢ En ti confío.

¤ Divina Misericordia,
   dispensada en los Santos Sacramentos...
   ➢ En ti confío.
¤ Divina Misericordia,
   por el perdón de nuestros pecados
   en el Bautismo y la Penitencia...
   ➢ En ti confío.
¤ Divina Misericordia,
   presente en el Santísimo
   Sacramento del Altar...
   ➢ En ti confío.
¤ Divina Misericordia,
   motor del Orden Sacerdotal...
   ➢ En ti confío.
¤ Divina Misericordia,
   que confortas a los enfermos...
   ➢ En ti confío.
¤ Divina Misericordia,
   que bendices a los esposos...
   ➢ En ti confío.
¤ Divina Misericordia,
   que derramas la Gracia
   del Espíritu Santo...
   ➢ En ti confío.
¤ Divina Misericordia,
   que nos llamas a la fe...
   ➢ En ti confío.

¤ Divina Misericordia,
   por los pecadores que se convirtieron…
   ➤ En ti confío.
¤ Divina Misericordia,
   por haber santificado a los justos…
   ➤ En ti confío.
¤ Divina Misericordia,
   por la piedad de tus devotos…
   ➤ En ti confío.
¤ Divina Misericordia,
   por haber consolado
   los corazones de los atribulados…
   ➤ En ti confío.
¤ Divina Misericordia,
   por ser la esperanza
   de las almas desesperadas…
   ➤ En ti confío.
¤ Divina Misericordia,
   porque nos desbordas
   con tus dones y gracias…
   ➤ En ti confío.
¤ Divina Misericordia,
   paz de los moribundos…
   ➤ En ti confío.
¤ Divina Misericordia,
   alegría celestial de las almas salvadas…
   ➤ En ti confío.

¤ Divina Misericordia,
  refresco y alivio de las Benditas
  Ánimas del Purgatorio…
  ➢ En ti confío.
¤ Divina Misericordia,
  corona de todos los santos…
  ➢ En ti confío.
¤ Divina Misericordia,
  fuente inagotable de prodigios…
  ➢ En ti confío.

† Cordero de Dios,
que mostraste tu mayor misericordia
con la redención del mundo en la Cruz.…
  ➢ Perdónanos Señor.

† Cordero de Dios,
que derramas abundantemente por nosotros
tu misericordia en cada Santa Misa…
  ➢ Escúchanos Señor.

† Cordero de Dios,
que por la inmensidad de tu misericordia
perdonas nuestros pecados
en el Sacramento de la Penitencia…
  ➢ Ten misericordia de nosotros.

¤ La misericordia de Dios
es más grande que todas sus obras....
> Sea alabada ahora y por siempre.

Oremos:
Oh Dios, porque tu misericordia es infinita
y un tesoro inagotable de gracias,
dirige tu mirada hacia nosotros
y magnifica tu misericordia.

Sé nuestro apoyo para que nunca,
ni siquiera en los momentos más difíciles,
caigamos en la desesperación,
y confiemos en tu santa voluntad,
que es la misericordia misma.

Y bendícenos, oh Padre,
por nuestro Señor Jesucristo,
Rey de Misericordia,
que contigo y el Espíritu Santo
nos muestra tu misericordia,
ahora y por los siglos de los siglos.
Así sea.

+ En el nombre del Padre, + del Hijo,
+ y del Espíritu Santo. Amén.

LETANÍAS DE ALABANZA

† **Señor, ten piedad…** ➤ Señor, ten piedad.
† **Cristo, ten piedad…** ➤ Cristo, ten piedad.
† **Señor, ten piedad…** ➤ Señor, ten piedad.

† **Cristo, óyenos…** ➤ Cristo, óyenos.
† **Cristo, escúchanos…** ➤ Cristo, escúchanos.

† **Dios, Padre celestial…**
    ➤ Ten misericordia de nosotros.
† **Dios Hijo, Redentor del mundo…**
    ➤ Ten misericordia de nosotros.
† **Dios Espíritu Santo…**
    ➤ Ten misericordia de nosotros.
† **Santísima Trinidad, un solo Dios…**
    ➤ Ten misericordia de nosotros.

¤ **Divina Misericordia,**
    atributo soberano de Dios Padre…
    ➤ En ti confío.
¤ **Divina Misericordia,**
    revelada al mundo por Dios Hijo…
    ➤ En ti confío.

¤ Divina Misericordia,
    que brotas del infinito Amor
    de Dios Espíritu Santo...
     ➢ En ti confío.

¤ Divina Misericordia,
    misterio insondable
    de la Santísima Trinidad...
     ➢ En ti confío.

¤ Divina Misericordia,
    inabarcable
    para el entendimiento humano...
     ➢ En ti confío.

¤ Divina Misericordia,
    de la que emana toda vida y felicidad...
     ➢ En ti confío.

¤ Divina Misericordia,
    fuente de milagros y maravillas...
     ➢ En ti confío.

¤ Divina Misericordia,
    que abarcas todo el Universo...
     ➢ En ti confío.

¤ Divina Misericordia,
    que viniste al mundo
    en la persona del Verbo Encarnado...
     ➢ En ti confío.

¤ Divina Misericordia,
que fluyes de la herida abierta
en el Corazón de Jesús…
  ➢ En ti confío.

¤ Divina Misericordia,
que te ocultas bajo la especie del pan
de la Santa Hostia…
  ➢ En ti confío.

¤ Divina Misericordia,
que fundaste la Santa Iglesia
para que fueras anunciada
a los pecadores…
  ➢ En ti confío.

¤ Divina Misericordia,
por tu eficacia redentora
en los Sacramentos del Bautismo
y de la Confesión…
  ➢ En ti confío.

¤ Divina Misericordia,
por nuestra justificación
por medio de Jesucristo…
  ➢ En ti confío.

¤ Divina Misericordia,
que nos acompañas
durante todo el transcurso
de nuestras vidas…
  ➢ En ti confío.

¤ Divina Misericordia,
   que nos abrazas especialmente
   en la hora de la muerte...
   ➤ En ti confío.
¤ Divina Misericordia,
   que nos concedes la inmortalidad...
   ➤ En ti confío.
¤ Divina Misericordia,
   que nos guías en cada instante...
   ➤ En ti confío.
¤ Divina Misericordia,
   que nos guardas del fuego
   del Infierno...
   ➤ En ti confío.
¤ Divina Misericordia,
   por la conversión de los corazones
   más endurecidos...
   ➤ En ti confío.
¤ Divina Misericordia,
   admiración de los ángeles...
   ➤ En ti confío.
¤ Divina Misericordia,
   Amor insondable para los santos...
   ➤ En ti confío.
¤ Divina Misericordia,
   tabla de salvación para los pecadores...
   ➤ En ti confío.

¤ Divina Misericordia,
    presente en todos
    los Misterios Divinos…
    ➢ En ti confío.
¤ Divina Misericordia,
    que nos libras de toda miseria…
    ➢ En ti confío.
¤ Divina Misericordia,
    fuente de nuestra alegría…
    ➢ En ti confío.
¤ Divina Misericordia,
    que nos llamaste a la existencia
    de la nada…
    ➢ En ti confío.
¤ Divina Misericordia,
    que coronas todas las obras de Dios…
    ➢ En ti confío.
¤ Divina Misericordia,
    en la que todos estamos sumergidos…
    ➢ En ti confío.
¤ Divina Misericordia,
    dulce consuelo
    para los corazones contristados…
    ➢ En ti confío.
¤ Divina Misericordia,
    única esperanza ante la desesperación…
    ➢ En ti confío.

¤ Divina Misericordia,
   reposo de los corazones agitados…
      ➢ En ti confío.
¤ Divina Misericordia,
   paz frente al miedo y la angustia…
      ➢ En ti confío.
¤ Divina Misericordia,
   remedio para todos los males…
      ➢ En ti confío.

† Cordero de Dios,
que mostraste tu mayor misericordia
con la redención del mundo en la Cruz….
      ➢ Perdónanos Señor.

† Cordero de Dios,
que derramas abundantemente por nosotros
tu misericordia en cada Santa Misa…
      ➢ Escúchanos Señor.

† Cordero de Dios,
que por la inmensidad de tu misericordia
perdonas nuestros pecados
en el Sacramento de la Penitencia…
      ➢ Ten misericordia de nosotros.

¤ La misericordia de Dios
es más grande que todas sus obras….
> Sea alabada ahora y por siempre.

Oremos:
Oh Dios, porque tu misericordia es infinita
y un tesoro inagotable de gracias,
dirige tu mirada hacia nosotros
y magnifica tu misericordia;
para que en la tribulación
no desesperemos,
sino que nos sometamos
con gran confianza
a tu bondadosa Voluntad,
que con tu Amor y tu Misericordia
traza tu designio para nuestras vidas
a la espera de la respuesta confiada
de nuestra libertad.
Te lo pedimos, Padre,
a ti que vives y reinas
por los siglos de los siglos.
Amén.

LETANÍAS DE CRISTO REY MISERICORDIOSO

† **Señor, ten piedad…** ➢ Señor, ten piedad.
† **Cristo, ten piedad…** ➢ Cristo, ten piedad.
† **Señor, ten piedad…** ➢ Señor, ten piedad.
† **Cristo, óyenos…** ➢ Cristo, óyenos.
† **Cristo, escúchanos…** ➢ Cristo, escúchanos.

† **Dios, Padre celestial…**
　　➢ Ten misericordia de nosotros.
† **Dios Hijo, Redentor del mundo…**
　　➢ Ten misericordia de nosotros.
† **Dios Espíritu Santo…**
　　➢ Ten misericordia de nosotros.
† **Santísima Trinidad, un solo Dios…**
　　➢ Ten misericordia de nosotros.

╫

¤ **Cristo, Rey misericordioso,**
　　que obraste el designio salvador
　　de Dios Padre…
　　➢ En ti confío.
¤ **Cristo, Rey misericordioso,**
　　por quien fueron creadas
　　todas las cosas…
　　➢ En ti confío.

¤ Cristo, Rey misericordioso,
   que nos santificas entregándonos
   el don del Espíritu Santo...
   ➤ En ti confío.

¤ Cristo, Rey misericordioso,
   que nos revelaste el Misterio
   de la Santísima Trinidad...
   ➤ En ti confío.

¤ Cristo, Rey misericordioso,
   que nos mostraste
   la Omnipotencia Divina...
   ➤ En ti confío.

¤ Cristo, Rey misericordioso,
   a quien sirvieron los ángeles de Dios
   tras vencer las tentaciones del Maligno...
   ➤ En ti confío.

¤ Cristo, Rey misericordioso,
   a cuya imagen fuimos formados
   del barro de la tierra...
   ➤ En ti confío.

¤ Cristo, Rey misericordioso,
   cuyo poder abarca el Universo...
   ➤ En ti confío.

¤ Cristo, Rey misericordioso,
   que para nuestra salvación
   fundaste tu Santa Iglesia...
   ➤ En ti confío.

¤ Cristo, Rey misericordioso,
   que nos hiciste hijos de Dios Padre
   como miembros de tu propio Cuerpo...
   ➤ En ti confío.

¤ Cristo, Rey misericordioso,
   que nos abriste las puertas
   de la Vida Eterna...
   ➤ En ti confío.

¤ Cristo, Rey misericordioso,
   que nos rescataste de las garras
   del Enemigo de nuestras almas...
   ➤ En ti confío.

¤ Cristo, Rey misericordioso,
   que cargaste como propios
   con nuestros pecados
   para que fueran perdonados...
   ➤ En ti confío.

¤ Cristo, Rey misericordioso,
   que derramas sobre nosotros
   tu Misericordia a través
   de sus santas y venerables llagas...
   ➤ En ti confío.

¤ Cristo, Rey misericordioso,
   por la misericordia que fluye
   de tu Sagrado Corazón...
   ➤ En ti confío.

¤ Cristo, Rey misericordioso,
  que nos confiaste a tu Madre
  como Madre de la Misericordia...
  ➤ En ti confío.
¤ Cristo, Rey misericordioso,
  por la Gracia con la que has colmado
  nuestras vidas con sus dones...
  ➤ En ti confío.
¤ Cristo, Rey misericordioso,
  que instituiste los Sacramentos
  para darnos la Gracia...
  ➤ En ti confío.
¤ Cristo, Rey misericordioso,
  que nos llamaste a la Fe verdadera...
  ➤ En ti confío.
¤ Cristo, Rey misericordioso,
  que te haces presente
  para el perdón de los pecadores
  a través de tus sacerdotes...
  ➤ En ti confío.
¤ Cristo, Rey misericordioso,
  que iluminas a los creyentes...
  ➤ En ti confío.
¤ Cristo, Rey misericordioso,
  que guías a los santos
  a la cumbre de la santidad...
  ➤ En ti confío.

¤ Cristo, Rey misericordioso,
   que consuelas a los enfermos
   y a los afligidos...
   ➢ En ti confío.
¤ Cristo, Rey misericordioso,
   a quien confiamos a los moribundos...
   ➢ En ti confío.
¤ Cristo, Rey misericordioso,
   consuelo de las almas del Purgatorio...
   ➢ En ti confío.
¤ Cristo, Rey misericordioso,
   corona de todos los santos...
   ➢ En ti confío.
¤ Cristo, Rey misericordioso,
   alegría celestial para los que se salvan...
   ➢ En ti confío.
¤ Cristo, Rey misericordioso,
   que reinas sobre el trono de la Cruz
   y coronado de espinas...
   ➢ En ti confío.
¤ Cristo, Rey misericordioso,
   que mantuviste los signos de tu Pasión
   en tu Cuerpo Glorioso y Resucitado
   para darnos muestra de tu Amor...
   ➢ En ti confío.

† Cordero de Dios,
que mostraste tu mayor misericordia
con la redención del mundo en la Cruz....
> Perdónanos Señor.

† Cordero de Dios,
que derramas abundantemente por nosotros
tu misericordia en cada Santa Misa...
> Escúchanos Señor.

† Cordero de Dios,
que por la inmensidad de tu misericordia
perdonas nuestros pecados
en el Sacramento de la Penitencia...
> Ten misericordia de nosotros.

Oración:
La misericordia del Señor es eterna,
más grande que todas sus obras.
Por eso cantaré las misericordias del Señor,
confiándome a su bondad,
ahora y por siempre,
por los siglos de los siglos.
Amén.

*Gracias
por permitirnos
continuar
nuestra labor
adquiriendo
esta obra*

Le recomendamos este libro
que también puede ser de su interés,
sin ningún contenido que pueda duplicarse
con la obra que tiene en sus manos:

Made in the USA
Las Vegas, NV
01 November 2024

10910926R00062